Los sármatas y los escitas

Una guía fascinante sobre los bárbaros de origen iraní y cómo estas tribus antiguas lucharon contra el Imperio romano, los godos, los hunos y los persas

© Derechos de autor 2020

Todos los derechos reservados. Este libro no puede ser reproducido de ninguna forma sin el permiso escrito del autor. Críticos pueden mencionar pasajes breves durante las revisiones.

Descargo: Esta publicación no puede ser reproducida ni transmitida de ninguna manera por ningún medio, mecánico o electrónico, incluyendo fotocopiado o grabación, o por cualquier sistema de almacenamiento o recuperación, o compartido por correo electrónico sin el permiso escrito del editor.

Aunque se han realizado todos los intentos por verificar la información proporcionada en esta publicación, ni el autor ni el editor asumen responsabilidades por errores, omisiones o interpretaciones contrarias con respecto al tema tratado aquí.

Este libro es solo para fines de entretenimiento. Las opiniones expresadas son sólo del autor y no deben tomarse como instrucciones de expertos. El lector es responsable de sus propias acciones.

La adherencia a todas las leyes y normativas aplicables, incluidas las leyes internacionales, federales, estatales y locales que rigen las licencias profesionales, las prácticas comerciales, la publicidad y todos los demás aspectos de la actividad comercial en EE. UU., Canadá, Reino Unido o cualquier otra jurisdicción es responsabilidad exclusiva del comprador o lector

Ni el autor ni el editor asumen responsabilidad alguna en nombre del comprador o lector de estos materiales. Cualquier parecido con cualquier individuo u organización es pura coincidencia.

Tabla de contenido

INTRODUCCIÓN 1
PARTE I: LOS ESCITAS 3
CAPÍTULO 1 – LOS ORÍGENES DE LOS ESCITAS............................4
CAPÍTULO 2 – EL ARTE, LA CULTURA Y LA RELIGIÓN 7
CAPÍTULO 3 – ECONOMÍA Y SOCIEDAD 11
CAPÍTULO 4 – LA GUERRA Y LA CONQUISTA............................15
CAPÍTULO 5 – EL FIN DE LOS ESCITAS 24
PARTE II: LOS SÁRMATAS..27
CAPÍTULO 6 – LOS ORÍGENES DE LOS SÁRMATAS...................28
CAPÍTULO 7 – EL ARTE, LA CULTURA Y LA RELIGIÓN 32
CAPÍTULO 8 – LA ECONOMÍA Y LA SOCIEDAD 36
CAPÍTULO 9 – LA GUERRA Y LA CONQUISTA............................41
CAPÍTULO 10 – EL FIN DE LOS SÁRMATAS 49
CONCLUSIÓN...53

Introducción

Como maestros del caballo, los escitas y los sármatas abrieron la estepa euroasiática a civilizaciones nómadas como nunca antes se había visto. Siguiendo los pasos de los cimerios, un grupo de tribus que comparten una cultura común, llamaron a la estepa su hogar, adaptándose a su dureza. Nacidos en este entorno, adoptaron una forma muy particular de vivir y luego se extendió a los pueblos de Asia Central: el estilo de vida nómada pastoral. Sería la ruina de los ejércitos organizados de los grandes imperios, ya que la excelente movilidad otorgada por sus habilidades superiores para montar a caballo era más que un rival para la infantería lenta que formaba la columna vertebral de los ejércitos de las civilizaciones sedentarias.

La historia de los escitas y los sármatas ha perdurado a través del tiempo, y aunque no tenían un registro histórico propio, su presencia fue registrada por docenas de historiadores clásicos. Sin embargo, lo que es más importante, sus preciosas tumbas funerarias aún conservaban algunos de los restos civilizacionales de este grupo extraordinario de pueblos.

Los escitas y los sármatas habían estado profundamente conectados desde su origen. Los primeros habitantes de Sármata, los saurómatas, formaban parte del grupo cultural escita mayor y hablaban un dialecto de la lengua escita. Cuando el gran ejército persa invadió el territorio escita en 513 a. C., los saurómatas figuraban entre los aliados de los escitas, por lo que sabemos que tenían relaciones amistosas hasta cierto punto. Sin embargo, las tribus sármatas posteriores no serían tan amables con los escitas, y finalmente integraron parte de ellos por subyugación. Sin embargo, ambos compartían una cultura bastante similar, y aparte del mismo idioma, compartían una estructura y prácticas religiosas comunes, una organización tribal similar y vestimentas similares.

Los pueblos indoeuropeos comúnmente llamados escitas abarcaron el territorio que abarca desde la actual Rumanía hasta la moderna China. Sin embargo, los escitas y los sármatas ocuparon principalmente la costa norte del mar Negro, desde la actual Rumanía hasta el río Volga, en el actual sur de Rusia. Los escitas existieron entre, al menos, mediados del siglo VIII a. C. y el siglo III d. C., mientras que los sármatas (si contamos los saurómatas) existieron entre el siglo V a. C. y el siglo V d. C.

Entonces, contar la historia de los escitas y los sármatas es tratar de armar un rompecabezas con una cantidad considerable de piezas ausentes, y se vuelve aún más difícil cuando se tiene en cuenta que algunas de las piezas existentes han generado dudas sobre su veracidad, como es el caso de Heródoto, un historiador griego que vivió entre 484 y 425 a. C., que nos cuenta sobre los escitas en sus *historias*.

El objetivo de este libro es reunir y clasificar las fuentes y presentar una descripción concisa, pero informativa y precisa, de la historia y el legado de los escitas y los sármatas.

Parte I: Los escitas

Capítulo 1 – Los orígenes de los escitas

La evidencia de la existencia del nomadismo de los vagones, es decir, los pueblos nómadas que desarrollaron y utilizaron los vagones para el transporte de sus pertenencias a través de migraciones de gran distancia o comportamiento nómada, se remonta a la Edad del Bronce, pero es en el primer milenio AEC que los datos arqueológicos apuntan a un aumento de criadores de caballos nómadas en la región del norte del Ponto. Es solo a partir del siglo VIII a. C. en adelante que comenzamos a conocer el nombre de los pueblos que habitaron allí, los cimerios y los escitas, a través de los datos históricos. Se cree que los escitas se originaron a través de las migraciones de olas de varias poblaciones antiguas y relacionadas del grupo de idiomas indoiranios que vinieron de Asia Central/Siberia meridional.[1]

Geográficamente, no se conoce del todo el alcance de la presencia de los escitas. Sin embargo, se sabe que ocuparon una región que va desde el río Danubio en el oeste hasta el río Don en el este y el mar Negro en el sur. Esta región fue el núcleo de su civilización. Sin embargo, en ciertos momentos de expansión, esta frontera podría ir

---

[1] Bonfante, Larrisa – *The Barbarians of Ancient Europe: Realities and Interactions*. New York: Cambridge University Press, 2011. p. 110

más lejos e incluir las regiones del Cáucaso y Dobruja, al sureste y oeste, respectivamente.²

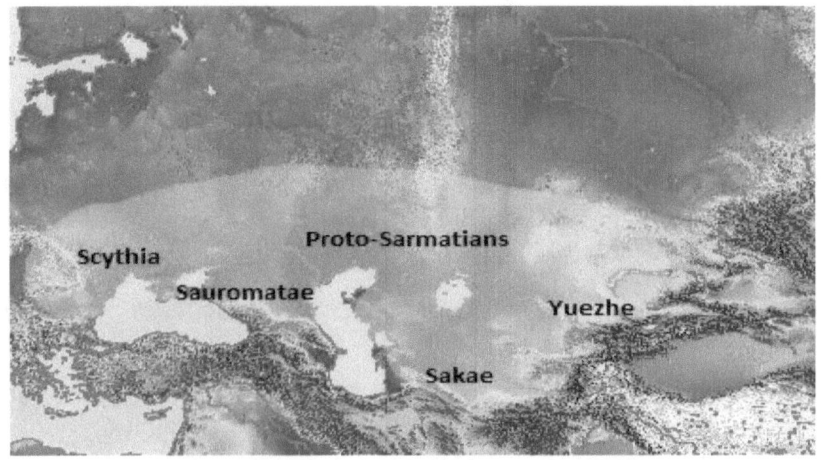

Figura 1 - Extensión máxima estimada de los escitas, 500 a. C. Aunque tienen diferentes nombres, culturalmente todos son muy similares al punto de que todos son considerados como pueblos escitas.

Se cree que el área geográfica ocupada por los escitas tenía una gran cantidad de tierra fértil y ríos, que proporcionaban pastizales óptimos para la civilización nómada de cría de caballos escitas. Sin embargo, reconstruir el paisaje de la casa de los escitas sigue siendo un problema que los arqueólogos aún deben resolver.³

Su introducción en los registros históricos comienza con la guerra, ya que sus incursiones en las civilizaciones del Cercano Oriente están registradas tanto en documentos cuneiformes de origen asirio babilónico como en las obras de algunos autores de la antigüedad clásica. La evidencia de las invasiones escitas no solo se confirma por los registros históricos, sino también por los hallazgos arqueológicos de puntas de flecha, equipo de caballos y otros artículos de origen escita. Los datos arqueológicos de la destrucción de ciudades y fortalezas urartianas también corroboran las incursiones escitas en el

---

² Bonfante, Larrisa – *The Barbarians of Ancient Europe*... p. 109
³ Bonfante, Larrisa – *The Barbarians of Ancient Europe*... p. 109

Cercano Oriente y la importancia que desempeñaron como un desestabilizador político en la región.[4]

La región del Cáucaso fue su entrada al Cercano Oriente, y su presencia en las tribus locales allí es evidente por los datos arqueológicos. Se encontraron sitios de entierro escitas (Kurgán) de un jefe tribal y su guardaespaldas montado en esta región, y los artículos escitas son un hallazgo frecuente en los yacimientos arqueológicos de las tribus locales.[5]

A partir de este momento, los pueblos escitas influirían en la política del Cercano Oriente y el mar Negro a medida que atacaban sus tierras. Sin embargo, durante este proceso, los escitas también asimilarían en su propia cultura los aspectos que les gustaban de otras civilizaciones con las que contactaban. La cultura material escita se enriqueció por su conexión con las ricas civilizaciones sedentarias tanto en su complejidad como en su valor material. El lujo de las civilizaciones sedentarias del Cercano Oriente cautivó a las tribus nómadas de las estepas, y así comenzó un proceso de absorción cultural.[6]

---

[4] Bonfante, Larrisa – *The Barbarians of Ancient Europe…* p. 111. SINOR, Denis – *The Cambridge History of Early Inner Asia.* New York: Cambridge University Press, 1990. p. 99 & 100.
[5] Sinor, Denis – *The Cambridge History of Early Inner Asia.* New York: Cambridge University Press, 1990. p. 100.
[6] Sinor, Denis – *The Cambridge History of Early Inner Asia.* New York: Cambridge University Press, 1990. p. 100 & 101.

Capítulo 2 – El arte, la cultura y la religión

Los escitas tenían un sistema lingüístico de origen indoiranio que influyó en otros pueblos nómadas indoiranios, como los sármatas, hasta cierto punto. Como no tenían ningún registro escrito, cualquier estudio sobre su idioma depende en gran medida de las palabras escitas que los autores clásicos escribieron en sus libros, por lo que es muy difícil reconstruir cómo exactamente habrían hablado.

Como no podemos confiar en las fuentes originales de los escitas, parte de nuestro conocimiento de su cultura y religión se basa en los artefactos encontrados en los sitios arqueológicos. Por ejemplo, el arte escita reflejaba mucho de cómo era su estilo de vida con un enfoque en la representación de animales (ciervos, pájaros, osos, etc.) con énfasis en los caballos. Este arte no solo estaba en objetos físicos, sino también en sus propios cuerpos, ya que se tatuaban estas iconografías naturales y animales. El período temprano de la historia de los escitas presentaba influencias del Cercano Oriente, especialmente asirio-babilonias, en su producción artística al entrar en contacto con ellos a través de incursiones militares y redadas. Sin embargo, desde el siglo

VI a. C. en adelante, la influencia cultural griega ya se podía ver en su cultura material, alcanzando un ápice en el siglo IV a. C.[7]

La absorción de la cultura griega promovida por el comercio, especialmente en el siglo IV a. C., se reflejó en el estilo artístico de sus piezas. Adornos de oro, joyas, peines para el cabello, jarras y otros artículos comenzaron a presentar un estilo más pictórico y escénico con decoraciones de la vida cotidiana escita o eventos metafísicos.[8]

El enriquecimiento cultural escita durante esta fase no fue sinónimo del enriquecimiento de cada individuo, sino solo de los jefes o la aristocracia que se beneficiarían del intercambio cultural que los escitas tuvieron con otras civilizaciones, al menos en un sentido "perpetuo", como los preciosos objetos de arte acompañarían a los aristocráticos escitas en el más allá.[9]

A medida que el comercio los enriqueció y la influencia cultural griega aumentó entre las tribus escitas, las tribus nómadas o seminómadas se volvieron más sedentarias y se asentaron en el área del norte del mar Negro, cerca de las ciudades griegas. Un cambio gradual del método de entierro tradicional, con los Kurgán, también se puede ver durante los siglos quinto y cuarto. El proceso convencional de colocar el cuerpo en una tumba se realizó sobre un colchón o un sofá primitivo hecho de fibras vegetales, sin embargo, después de la influencia griega, la práctica de usar sarcófagos se hizo cada vez más común, especialmente para los miembros aristocráticos de la sociedad. En zonas donde los griegos tenían contacto directo con los escitas, por ejemplo, Crimea, los entierros reales y nobles de los siglos quinto y cuarto tenían el cuerpo en un sarcófago.[10]

La religión escita estaba fuertemente influenciada por los dioses indoiranios, y en el centro de su panteón estaba la diosa Tabiti que, según Heródoto, era responsable de un hogar seguro y que

---

[7] Jacobson, Esther – *The Art of the Scythians: The Interpenetration of cultures at the edge of the Hellenic world.* Leiden: E.J. Brill, 1995. Ch. 3. SINOR, Denis – *The Cambridge History of Early Inner Asia.* New York: Cambridge University Press, 1990. p. 109.
[8] Jacobson, Esther – *The Art of the Scythians...* Ch. 3.
[9] Sinor, Denis – *The Cambridge History of Early...* p. 109.

funcionara bien. Los escitas creían que la clase de sacerdotes, los Enarei, tenía el don de profecía, que les había sido dada por la diosa Argimpasa, reina de los cielos y amante de los animales. Para decir el futuro, los Enarei usarían tiras cortadas de la corteza del tilo.

Los Enarei también tenían el poder de curar al rey escita por adivinación, al menos en la narrativa de Heródoto. Para curar al rey, los Enarei supuestamente encontrarían a cualquier hombre que hubiera jurado lealtad falsamente al rey, tratando esta traición como la causa de su enfermedad, y luego los matarían. Con los traidores castigados por su traición, la salud del rey aparentemente mejoraría.[11] Este pasaje de Heródoto nos dice más que cómo Enarei supuestamente curó al rey, también nos da una idea clara de cuánta influencia tenían estos sacerdotes en la sociedad escita. Al cruzar los datos arqueológicos con estas narraciones, podemos confirmar que la religión realmente jugó un papel importante en la vida cotidiana, y los Enarei tuvieron un papel fundamental en ella, tanto así que fueron enterrados con riquezas y preciosos artefactos ceremoniales.

Heródoto también comenta que los Enarei se vestían con ropa de mujer y eran hermafroditas, ya que fueron maldecidos por la diosa Afrodita. En sus Historias, Heródoto habla de esta maldición como una forma de explicar la "feminidad escita inusual":

Así que estos escitas que habían saqueado el templo en Ascalón, y sus descendientes para siempre, fueron heridos por la divinidad con una enfermedad que los convirtió en mujeres en lugar de hombres: y los escitas dicen que fue por esta razón que estaban enfermos, y por esta razón, los viajeros que visitan Escitia ahora, ven entre ellos el afecto de aquellos que por los escitas eran llamados Enarei.[12]

AUNQUE ESTA MALDICIÓN ES UN MITO, EL HECHO DE QUE LOS ESCITAS CREYERAN QUE ERA CIERTO PODRÍA HABER AFECTADO LA IMPORTANCIA QUE SU SOCIEDAD LES DABA A LAS MUJERES Y QUE VENERARLAS COMPLACERÍA A LOS DIOSES Y, POR LO TANTO, LOS PROTEGERÍA DE MÁS CASTIGOS. SIN EMBARGO, LA PROBABLE EXPLICACIÓN DE POR QUÉ LOS ESCITAS TENÍAN UNA SOCIEDAD

---

[10] Bonfante, Larrisa – *The Barbarians of Ancient Europe...* p. 85.
[11] Herodotus – *Histories*. Book 4.68.
[12] Herodotus – *Histories*. Book 1.105.

MATRIARCAL SE ENCUENTRA EN EL CORAZÓN CULTURAL DE LA TRIBU PRIMORDIAL INDO-IRANÍ DE LA QUE SE ORIGINARON. ESA CULTURA PROBABLEMENTE TENÍA UNA ESTRUCTURA SOCIAL DONDE LAS MUJERES NO SOLO TENÍAN UN LUGAR PROMINENTE DE PODER SINO QUE, LO QUE ES MÁS IMPORTANTE, TENÍAN UNA CONEXIÓN PROFUNDA CON LAS FUERZAS DIVINAS. ESTA ES LA RAZÓN POR LA CUAL LAS TRIBUS ESCITAS Y SÁRMATAS COMPARTEN ESTA CARACTERÍSTICA SOCIAL. LOS ENAREI TAMBIÉN ERAN RESPONSABLES DE LOS RITUALES RELIGIOSOS, Y ADEMÁS DE LOS SACRIFICIOS DE ANIMALES, QUE INCLUÍAN VARIOS TIPOS DE GANADO Y, EN OCASIONES IMPORTANTES, CABALLOS, LOS ESCITAS TAMBIÉN USABAN CÁÑAMO Y ALCOHOL EN ESTOS RITUALES PARA ENTRAR EN UN TRANCE ESPIRITUAL.[13] Otro ritual religioso que los sármatas también compartirían con los escitas era la práctica de adorar a un dios de la guerra, a quien Heródoto equipara con el dios griego Ares, colocando ofrendas en pequeños montículos de matorral donde se colocaba una espada de hierro. Los escitas, de hecho, a diferencia de los sármatas, tenían un templo o montículo de tierra adecuado, que estaba específicamente dedicado a este tipo de adoración, lo que significa que su lugar de culto era semi-estacionario y se ubicaba en lugares reservados para este tipo de rituales.

---

[13] Herodotus – *Histories*. Book 4.

Capítulo 3 - Economía y sociedad

Los escitas en el siglo VII a. C. vivían en una organización tribal comunal donde las disparidades sociales entre los individuos no serían muy notables. Sin embargo, a medida que pasaba el tiempo y los escitas aseguraban más y más tierras y riquezas, la acumulación de riquezas comenzó a ocurrir, principalmente entre los individuos con mayor posición social que esencialmente se convirtieron en la aristocracia de dicha tribu. Según Heródoto, había diferentes tipos de escitas, como los Gargarii del sur de Ucrania (los escitas agrícolas) y los llamados escitas reales que se mantenían predominantemente en la región de Crimea. No sabemos exactamente cuántas tribus individuales formaban parte del grupo cultural escita, pero sí sabemos que no eran políticamente homogéneas y que estaban formadas por grupos tribales más pequeños que en algunos momentos responderían a un rey supremo que todos lo reconocerían por su propia voluntad o por subyugación. Algunos historiadores ahora teorizan que los Gargarii no eran escitas en absoluto, sino que eran una especie de siervo bajo el dominio escita y, por lo tanto, tenían que trabajar para ellos. Este razonamiento justifica por qué eran sedentarios y se centraron principalmente en la agricultura, algo que a los nómadas escitas no les gustaba demasiado. Heródoto nombró a los escitas reales de esa manera porque la mayoría de los reyes de la confederación escita provenían de esta tribu, y esto nos dice que los escitas reales mantuvieron una posición dominante sobre las otras tribus durante un período prolongado.

Todavía no está claro si hubo períodos en los que no hubo reyes escitas o si el alto rey no fue reconocido como tal por todos los jefes tribales. Por lo general, un gran rey de una tribu dominante gobernaba a los jefes tribales más pequeños, que luego le respondían en un vínculo, similar al vasallaje. Este poder real era hereditario, y las tribus escitas sometidas rendirían tributo y proporcionarían sirvientes a la tribu gobernante. Los esclavos eran parte de la sociedad escita, pero la evidencia apunta a que solo son esclavos domésticos y no se utilizan para otros fines sociales.[14]

Adicionalmente, hay evidencia de que las mujeres habrían tenido una participación más significativa en la sociedad escita que sus contrapartes griegas, ocupando roles sociales importantes y también peleando junto a los hombres en el campo de batalla, siendo veneradas como grandes guerreras. Esta es una característica compartida por los otros pueblos indoiranios como los sármatas, y al menos en el caso de los escitas, influiría en su panteón de dioses, en el que las diosas como Argimpasa habrían desempeñado un papel fundamental en sus creencias. Los eruditos no están completamente seguros de si el sacerdocio de Enarei sería poseído específicamente por mujeres o solo por hermafroditas, pero, de cualquier manera, los escitas veneraban las características femeninas. Esto se puede ver en el arte de oro escita donde representan humanoides que tienden a ser femeninos.[15]

La ropa escita era unisex, y tanto hombres como mujeres vestían kurtas, pantalones, botas altas o zapatos de cuero, y una túnica con cuello redondo y aberturas laterales largas, diseñada para montar a caballo. Las kurtas, una camisa suelta sin cuello, estaban hechas de tela de lana, cáñamo, piel de venado o fieltro grueso. Tanto los plebeyos como los aristócratas usaban el mismo tipo de ropa, pero los materiales eran diferentes. A medida que la civilización escita

---

[14] Sinor, Denis – *The Cambridge History of Early....* p. 104.
[15] Bonfante, Larrisa – *The Barbarians of Ancient Europe...* p. 120.

comenzó a enriquecerse, los aristócratas utilizaron materiales importantes para su vestimenta, como seda o lino, a menudo decorados con oro.[16]

El oro y el precioso botín acumulado por las incursiones y saqueos habrían cosechado grandes recompensas para la aristocracia escita, una actividad económica mucho más lucrativa y significativa les llegaría desde el Mar Egeo, particularmente en el siglo IV a. C. Las ciudades-estado griegas requerían grandes cantidades de cultivos de cereales, particularmente durante la guerra del Peloponeso, y los importarían de los escitas del Bósforo. La aristocracia escita dispuesta a acumular riqueza griega actuaba como mediadora entre las tribus de la estepa forestal de Europa del Este, un área perfecta para la agricultura, y los griegos. La aristocracia obtuvo excelentes recompensas de esta "explotación" de las comunidades escitas agrícolas, y esta situación económica sería una de las fuerzas detrás de la sedentarización de las tribus agrarias y de la aristocracia enriquecedora, así como una de las causas de la gradación social de desigualdad de riqueza entre el escita común y la aristocracia.[17]

Además de la explotación de los escitas agrícolas, los escitas reales también intercambiarían los productos de sus cacerías y su cría de animales, incluidas pieles y otras partes de animales muy buscadas por los comerciantes mediterráneos. El ganado y los caballos podrían haber sido algo que posiblemente intercambiaron con las colonias griegas del mar Negro, ya que los escitas eran predominantemente criadores de animales. Con el resultado de su comercio, los escitas podrían comprar preciosos materiales manufacturados como joyas, armas, armaduras y jarrones.

Como grupo de tribus seminómadas, los escitas no tenían una moneda centralizada o un sistema financiero. Se ha encontrado evidencia de la producción de monedas escitas, y Estrabón nos cuenta

---

[16] Encyclopedia Iranica – *Clothing of the Iranian Tribes on the Pontic Steppes and in the Caucasus* [Online] [Read 21/06/2019] Disponible en: http://www.iranicaonline.org/articles/clothing-vii

[17] Sinor, Denis – *The Cambridge History of Early…*. p. 105.

del rey Escíloro (quien gobernó en la segunda mitad del siglo II a. C.) acuñando monedas en la ciudad de Olbia. Estas monedas vendrían en dos formas, ya sea la moneda primitiva en forma de delfín o punta de flecha utilizada para el comercio antes del siglo V a. C. o las imitaciones de monedas griegas o denarios romanos, la moneda de plata romana estándar. También usaban monedas romanas, griegas o pónticas que obtuvieron mediante conquista o deberes mercenarios.

La sociedad escita se construyó alrededor de la guerra, y los tipos de rituales que tenían y los artículos que llevaban a su tumba muestran que ser un guerrero victorioso tuvo un impacto en la posición social de un individuo. Los comandantes poderosos llevarían muchos objetos preciosos y artefactos a sus tumbas, algunos adquiridos en tierras lejanas, y el más prestigioso de los nobles incluso sería enterrado con algunos de sus guerreros, sirvientes y caballos.

Capítulo 4 – La guerra y la conquista

El comienzo de las conquistas escitas conocidas viene en forma de sus incursiones en el Cáucaso y el Cercano Oriente, que ya se mencionó en el primer capítulo de este libro. Sin embargo, quizás el logro militar más significativo de la historia escita temprana es la historia épica de cómo lograron derrotar la incursión militar del poderoso rey persa, Darío I, en Escitia alrededor del año 513 a. C. El rey Darío I, junto con su gran ejército (700.000 según Heródoto, pero en realidad, podría haber sido sustancialmente menos), trató de someter a las tribus escitas y así estabilizar la región fronteriza de su imperio con Escitia. Se encontró con una tribu de guerreros rápidos que usaron tácticas de guerrilla para debilitar a su ejército, evitando confrontaciones abiertas. También aplicaron tácticas de tierra quemada, destruyendo y quemando todo mientras evadían el ejército de Darío, haciendo que Darío no pudiera vivir de sus tierras. Esto duró toda la campaña, y las dos fuerzas no se enfrentaron entre sí en una confrontación directa, al menos hasta donde sabemos. Sin embargo, los esfuerzos de Darío serían algo efectivos ya que lograron someter a los pueblos sujetos de los escitas, como los budini, a lo largo de la costa del mar Negro. Y aunque las tácticas de tierra quemada pueden haber sido efectivas para ayudar a poner fin al ataque persa, según Heródoto, los escitas terminaron destruyendo la mayoría de sus mejores tierras. Al final de la incursión persa, los persas controlaban efectivamente los principales puertos del mar Negro, como la ciudad de Olbia, aunque esto costó muchas vidas persas por la falta de suministros y las tácticas de desgaste por parte de los escitas. El final de esta debacle militar también provocaría un "silencio escrito", ya que los escitas no serían mencionados nuevamente en las fuentes clásicas hasta las campañas de Felipe II de Macedonia en 329 a. C.[18]

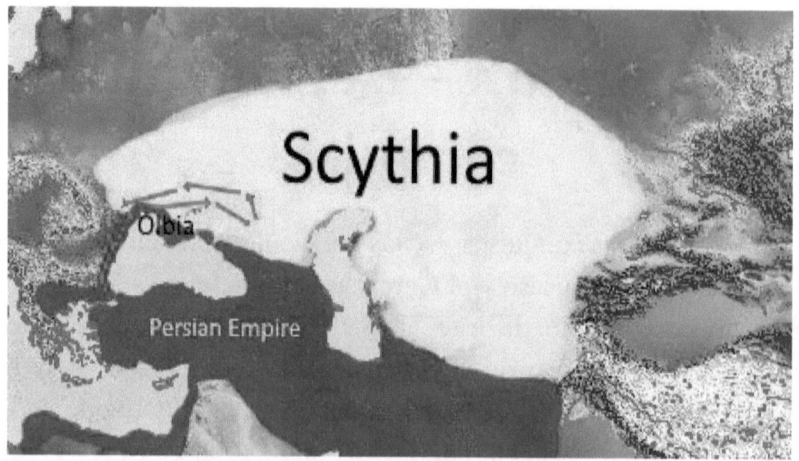

Figura 2 - Ruta estimada de la incursión militar de Darío I en Escitia, 513 a. C. La región escita representa la extensión de las tribus indoeuropeas comúnmente conocidas como escitas debido a su similitud cultural. La incursión de Darío I fue principalmente contra los escitas europeos.

En 339 a. C., el rey escita Ateas, de 90 años, se hizo conocido por sus incursiones militares en Tracia. Al principio tuvo éxito y logró conquistar áreas importantes de los getas, una tribu tracia que ocupaba la pequeña área al sur del Danubio, como el asentamiento fortificado de Eumolpia (hoy en día Plovdiv, Bulgaria), pero finalmente fue derrotado y asesinado por el rey macedonio Felipe II. Las secuelas de la derrota de ateas fueron la captura de 20.000 mujeres y 20.000 caballos por el rey macedonio.[19]

Aunque esta derrota debilitó el dominio escita en sus territorios occidentales y los getas lograron cruzar el Danubio hacia sus tierras,

---

[18] Sinor, Denis – *The Cambridge History of Early*.... p. 101.
[19] Sinor, Denis – *The Cambridge History of Early*.... p. 106.

su civilización aún prosperaría hasta la segunda mitad del siglo III cuando su control sobre la estepa euroasiática fue seriamente desafiado por los sármatas y los celtas. Esto efectivamente terminó la dominación escita en la estepa euroasiática y los empujó a dos reinos más pequeños y especiados, conocidos como la Pequeña escita de Crimea y la Pequeña escita tracia, que se explicarán con más detalle en el próximo capítulo.[20]

En 329 a. C., un joven general macedonio llamado Alejandro conquistó todo el Imperio persa, que estaba bajo el gobierno de Darío III. Después de esto, buscó solidificar sus conquistas y expandirse a la India. En la orilla sur del río Jaxartes (hoy en día Syr Darya), Alejandro había construido una ciudad para delimitar la frontera de su imperio. La ciudad se llamaba Alexandria Eschate (ubicada en la actual Khujand, Tayikistán). A la población local de Sogdiana, una antigua civilización iraní, no le gustó esta intrusión en su tierra y se rebeló. Los pueblos que vivían a través del Jaxartes, los escitas o las sacas, vieron esta revuelta como una gran oportunidad para robar y saquear a los griegos, por lo que unieron fuerzas con los sogdianos. Para poner fin a esta inestabilidad en sus fronteras del norte, Alexander tomó el asunto en sus propias manos y lideró personalmente la batalla contra los escitas y los sogdianos.

Como el Jaxartes era más ancho de lo que un tiro con arco podría alcanzar, las tropas griegas deberían haber podido abordar sus barcos y balsas con seguridad. Sin embargo, su cruce estaría dentro del alcance de fuego de los escitas, lo que significaba que podían ser golpeados por las flechas entrantes. Para evitar esto, se ideó un plan: la catapulta griega se colocó justo al lado de la orilla donde tendrían el alcance para golpear a las fuerzas escitas y disparar continuamente hasta que todo el ejército hubiera cruzado con seguridad. El plan funcionó, y en la primera ronda de fuego de catapulta, un líder escita fue asesinado, junto con muchos otros escitas. Los arqueros griegos fueron los primeros en cruzar para poder proteger al resto del ejército

---

[20] Sinor, Denis – *The Cambridge History of Early....* p. 107.

manteniendo a distancia a las fuerzas escitas. Después de ellos siguieron la caballería y finalmente la infantería. Para obligar a los escitas a una confrontación directa, Alejandro envió a sus fuerzas auxiliares de caballería ligera para que atacaran a los escitas. Esto fue exitoso, y los escitas rodearon la caballería auxiliar y participaron en combates cuerpo a cuerpo. Ahora el resto del ejército de Alejandro tuvo la oportunidad de enfrentarse a los escitas y derrotarlos, lo cual hicieron. La infantería y los arqueros rodearon rápidamente a las fuerzas escitas, atrapando a aquellos que buscaban huir del ataque y derrotando al ejército principal de los escitas. Las secuelas de esta batalla resultaron en 1.200 escitas muertos y 1.800 caballos capturados.

El último relato detallado de una batalla escita en las fuentes clásicas escritas tuvo lugar entre 310 y 309 a. C. cuando los escitas intervinieron en la guerra civil de Bosporan, una disputa dinástica entre los herederos del reino de Bosporan. Sátiro II, el heredero mayor, heredó el trono, pero su hermano Eumelos impugnó su reclamo. Temiendo la persecución de su hermano mayor, Eumelos huyó de la capital y los siraces, una tribu de los sármatas, le ofrecieron refugio y aprovecharon la oportunidad para ganar influencia en el Bósforo e intentar tomar tierras de los escitas. El rey de los siraces, Arifarnes y Eumelos se aliaron entre sí y reunieron una fuerza de 20.000 jinetes y 22.000 soldados de a pie. Sátiro respondió movilizando un ejército de 2.000 tropas griegas y un número similar de mercenarios tracios. Sin embargo, el núcleo del ejército de Sátiro estaba formado por 10.000 jinetes escitas y 20.000 soldados de infantería escitas.

El ejército bosporano (34.000) estaba en desventaja y era superado en número por los siraces (42.000). Esta situación se vio agravada por la falta de forraje para los caballos escitas, que debían ser transportados en carreta en un tren de suministro largo y lento. Cuando llegaron al ejército de Siracen, encontraron al enemigo en la orilla norte del río Thatis, listo para enfrentarse en una posición más ventajosa. Sátiro hizo el audaz movimiento de cruzar el río para atacarlos, utilizando el tren de suministro de vagones para hacer un campamento fortificado que podrían defender hasta que todo el ejército hubiera cruzado. Este movimiento fue sorprendentemente exitoso, y una vez que todas las fuerzas estuvieron listas, inmediatamente las atrajo al frente del fuerte improvisado. Listo para enfrentar a los siraces, Sátiro colocó a las tropas griegas y tracias en el ala derecha de su línea de batalla, algunos de la caballería y la infantería escitas en el ala izquierda y la caballería escita pesada en el centro. Sin embargo, sabemos poco de la línea de batalla de Siracen. Solo podemos suponer que Eumelos y su caballería estaban en el flanco izquierdo, frente a los mercenarios griegos y tracios, con la infantería en el ala derecha. Arifarnes estaba en el centro, también con caballería pesada.

La batalla fue feroz, y ambas partes sufrieron grandes pérdidas tan pronto como comenzó. Eumelos se encontró con éxito contra los mercenarios griegos y tracios, lo que hizo que vacilaran, pero, al mismo tiempo, Sátiro y los escitas habían logrado derrotar a la caballería pesada de Arifarnes. El rey bosporano, al ver derrumbarse su lado izquierdo, se movió rápidamente detrás de la retaguardia de Eumelos y realizó un ataque total, aplastándolo entre los griegos y los escitas. Después de haber sido derrotados, los siraces sobrevivientes huyeron del campo de batalla y se refugiaron en una fortaleza cercana. El poder combinado escita-bosporano fue victorioso.

Esta batalla ejemplifica la velocidad a la que las fuerzas escitas podían moverse y reorganizar sus posiciones para satisfacer sus necesidades. El poder de su caballería y la velocidad a la que llevaron a cabo sus ataques eran difíciles de contrarrestar en el antiguo campo de batalla y, en general, eran muy efectivos contra la infantería pesada.

La guerra escita se hacía típicamente a caballo y, por lo tanto, su ejército tenía muchas caballerías. Esto les dio una ventaja sobre los ejércitos tradicionales de las complejas civilizaciones del Cercano Oriente que dependían demasiado de la infantería. Los arqueros montados eran vitales en el ejército escita, ya que les daban el alcance suficiente para mantenerlos libres de enfrentarse al enemigo, pero también podían matar de manera efectiva. Su práctica con el arco a caballo los convirtió en hábiles tiradores, pero fueron las rápidas descargas de flechas las que causaron un daño más significativo. Usarían tácticas de guerrilla para engañar a sus enemigos mientras los bombardeaban con una descarga de flechas y dardos, y después de que el enemigo rompiera la cohesión de su unidad, los escitas atacarían con lanzas y armas cortas.[21] Heródoto declaró que los escitas "no tienen ciudades fundadas ni muros construidos, sino que llevan sus casas con ellos y son arqueros montados, que viven no por el arado sino por el ganado, y cuyas viviendas están en carretas, estas son seguramente invencibles e imposibles de abordar".[22]

La representación más famosa de la armadura escita es la de la armadura de escamas, pero los primeros intentos escitas de mercancías defensivas fueron mucho más simples y consistieron en cuero o piel de animal que, en algunos casos, estaban cubiertos con placas de hierro o bronce. Solo después de su contacto con herreros y armeros mesopotámicos, los escitas desarrollarían una armadura de escala mucho más efectiva, que protegía mejor el torso contra la penetración de la lanza o la flecha. La armadura a escala sería tan popular entre las filas escitas que seguiría siendo la armadura principal de los ejércitos escitas hasta su desaparición en el siglo IV EC.[23]

El casco también evolucionó naturalmente a medida que los escitas entraron en contacto con nuevos tipos de guerra y nuevos modelos hechos por otras civilizaciones. Alrededor del siglo VI a. C., los escitas usaban un casco de bronce fundido que brindaba una buena protección a las partes inferiores y la parte posterior de la cabeza. Este tipo de casco se conoce comúnmente como "casco Kuban", se encontró en excavaciones arqueológicas alrededor del área de Kuban (una región en el sur de Rusia moderna). Sin embargo, desde el siglo V a. C. hasta el siglo III d. C., junto con su armadura, los escitas usaban un casco de escamas. Este casco constituía una gorra de cuero

---

[21] Chernenko, E.V. – *The Scythians 700-300 BC*. Oxford: Osprey Publishing, 1983.
[22] Herodotus – *Histories*. Book 4. 46.
[23] Chernenko, E.V. – *The Scythians*... p. 7.

puntiaguda que luego se cubría con escamas metálicas superpuestas. Este tipo de construcción a escala, como la armadura corporal, brindaba una buena protección contra los ataques de espada y lanza, por lo que fue ampliamente utilizado entre los escitas. Junto con la adopción del casco de escala, la aristocracia escita adoptaría otro modelo: cascos griegos de origen corintio, calcídico o ático.[24]

El armamento escita consistía en tres tipos: armas cuerpo a cuerpo de largo alcance (lanzas), armas cuerpo a cuerpo de corto alcance (dagas y espadas) y armas de proyectiles móviles (jabalinas y arcos). Las lanzas eran utilizadas ampliamente por los guerreros a pie o montados para empujar a sus enemigos a una distancia segura y para lanzarlos. Tendrían entre 170 y 180 centímetros (5.5 a casi 6 pies) de largo. Se encontró evidencia de lanzas más largas en algunos túmulos funerarios escitas, pero es tan raro que los historiadores piensan que este tipo de armas (que podrían alcanzar hasta tres metros de largo) solo fueron utilizadas por unidades de caballería especializadas, debido a que requerían mayor habilidad para maniobrar con éxito.[25]

Los escitas usaban espadas y dagas, pero era más una herramienta importante para los rituales y prácticas religiosas que para el combate. Algunas de las espadas escitas más impresionantes encontradas hasta el día de hoy en excavaciones arqueológicas son meramente ceremoniales, hechas de oro y adornadas con el estilo de arte animal escita. Eso no quiere decir que no usaron la espada en combate, de hecho, hay evidencia de que usaron dos tipos de espadas, cortas y largas, y esta última tiene un uso más práctico en el combate montado debido a su mayor alcance.[26]

Otras armas utilizadas por los guerreros montados incluyen la jabalina, que era básicamente una lanza más pequeña que tenía una cabeza piramidal pequeña y afilada. Si bien se usó principalmente

---

[24] Chernenko, E.V. – *The Scythians...* p. 7.
[25] Chernenko, E.V. – *The Scythians...* p. 17.
[26] Chernenko, E.V. – *The Scythians...* p. 14

para desactivar escudos o herir levemente al enemigo, aún podría matar o herir gravemente a alguien.[27]

Por último, el arco era, sin duda, el arma más popular utilizada por los escitas, y se encontraron puntas de flecha en túmulos de plebeyos y reyes por igual. Era el arma esencial para estos guerreros. El arco tenía una estructura curva y su longitud era de hasta 120 centímetros (un poco menos de 4 pies). El arco era poderoso, pero se necesitaría una fuerza rígida y considerable para dominar su uso. Una vez dominado, el arco reveló ser una potente arma de proyectil de largo alcance que podía disparar flechas a una distancia de 200 o más yardas. Las flechas estaban hechas de una caña o rama de báculo y una punta de metal o hueso, con las plumas hechas de plumas de pájaros.[28]

Las personas conquistadas por los escitas se encontraban con un enemigo despiadado y poderoso que, según Heródoto, no tendría piedad de ellos y practicaría sacrificios humanos. Los historiadores no pueden decir con certeza si las prácticas sangrientas que Heródoto describe de sus cautivos son verdaderas o si solo está representando a los escitas como inhumanos y bárbaros para transmitir la idea de que los griegos eran culturalmente superiores. De cualquier manera, el siguiente extracto de las historias de Heródoto sigue siendo una lectura convincente y puede darnos una idea de cuáles eran las costumbres escitas:

> Lo que se relaciona con la guerra se ordena así con ellas: — Cuando un escita ha matado a su primer hombre, bebe un poco de su sangre: y de todos los que mata en la batalla, lleva las cabezas al rey, porque si ha traído una cabeza, comparte el botín que se han llevado, pero por lo demás no. Y se quita la piel de la cabeza cortándola alrededor de las orejas y luego agarrando el cuero cabelludo y sacudiéndolo, luego raspa la carne con la costilla de un buey y trabaja la piel con las manos,

---

[27] Chernenko, E.V. – *The Scythians...* p. 19
[28] Chernenko, E.V. – *The Scythians...* p. 11 & 12

y cuando lo ha templado, lo guarda como una servilleta para limpiarse las manos, y lo cuelga de la brida del caballo en el que él mismo monta, y se enorgullece de ello, porque a quien tiene el mayor número de pieles para limpiarse las manos, se lo considera el hombre más valiente. Muchos también hacen capas de las pieles despojadas, cosiéndolas como capas de pieles de pastores, y muchos quitan la piel con las uñas de las manos derechas de sus enemigos cuando están muertos, y los cubren para sus temblores: ahora parece que la piel humana es gruesa y brillante en apariencia, más blanca que cualquier piel. Muchos también quitan las pieles de los cuerpos completos de los hombres y los estiran en pedazos de madera y los llevan en sus caballos ... (...) Una vez al año, cada gobernante de un distrito mezcla en su propio distrito un tazón de vino, del cual esos de los escitas beben por quienes los enemigos han sido asesinados, pero aquellos por quienes esto no se ha hecho no prueban el vino, sino que se sientan deshonrados, y esta es la mayor de todas las desgracias entre ellos: pero aquellos que han matado a un gran número de hombres, beben con dos copas juntas al mismo tiempo."[29]

---

[29] Herodotus – *Histories*. Book 4. 64-66.

Capítulo 5 – El fin de los escitas

La historia del fin de los escitas nos llega a través del filósofo e historiador griego Estrabón. Según él, desde el siglo II a. C. hasta el siglo I d. C., dos reinos escitas menores resistieron el ataque de los celtas y los sármatas. Uno de ellos estaba situado al sur del río Danubio y se cree que fue formado por los escitas que permanecieron después de la derrota del rey Ateas después de que los otros escitas regresaron a la costa norte del mar Negro. El otro reino escita menor se encontraba en lo que hoy se conoce como la península de Crimea y llegó hasta el norte de la región de Taurida (actual Ucrania meridional). Neapolis, la capital del reino de Crimea, era el lugar donde se asentaban los cuarteles reales y aristocráticos escitas y desde donde el gran rey escita habría gobernado la confederación escita.[30]

El reino de Crimea tuvo un importante desarrollo cultural y económico en el siglo II a. C. En una medida para centralizar su comercio mediterráneo y dejar de tratar con los mediadores griegos, atacaron con éxito las ciudades griegas del noroeste de Quersoneso Taurica (las colonias griegas de Crimea). Al mando del rey Escíloro, los escitas lograron conquistar todas las colonias griegas del noroeste de Crimea, algunos completamente devastados y arrasados mientras que otros fueron ocupados por los escitas que construyeron sus fortalezas sobre sus ruinas. Los que no querían terminar en ruinas se

---

[30] Sinor, Denis – *The Cambridge History of Early*.... p. 107

sometieron a la dominación escita, como la ciudad de Olbia, donde el rey Escíloro hizo sus monedas.[31]

El esfuerzo realizado por Escíloro para expandir su poder y expulsar a los mediadores comerciales griegos se complementó con lo que la evidencia señala como la existencia de una flota escita, lo que habría permitido a los comerciantes escitas realizar con seguridad el comercio de sus productos agrícolas directamente con el Mediterráneo.[32]

La muerte de Escíloro y la sucesión de su hijo Palacus marcarían un punto de inflexión de la ofensiva escita hacia las colonias griegas, ya que las restantes acudirían al reino póntico en busca de ayuda. Mitrídates VI, también conocido como Mitrídates el Grande, el rey de Ponto, respondió al llamado griego de ayuda y envió un ejército al mando del general Diofanto. El ejército póntico entregó una amarga derrota a la fuerza combinada escita y sarma, ya que Palacus había reclutado a los roxolanos, una tribu sármata, para ayudar a lidiar con el ejército póntico, y logró proteger los dominios griegos, aunque los griegos no recuperarían completamente todos los territorios que habían perdido bajo el reinado de Escíloro.[33]

La derrota a manos del ejército póntico fue brutal, pero las hostilidades abiertas se reanudarían más tarde en el siglo I d. C., momento en el que los griegos quersonesos buscaron la ayuda de los romanos. Luego se montó una expedición romana para liberar a los griegos del acoso constante que culminó en el año 63 d. C. con una derrota escita. La evidencia arqueológica que va desde el siglo I hasta el siglo II a. C. hasta la destrucción de los fuertes escitas por la presencia militar romana en el área.[34]

Los escitas, después de todos estos fracasos militares, no fueron expulsados por completo de sus tierras, y la evidencia muestra que aún persistieron durante el segundo y principio del tercer siglo d. C. Es a mediados del siglo III EC que ya no podemos encontrar

---

[31] Sinor, Denis – *The Cambridge History of Early....* p. 108
[32] Sinor, Denis – *The Cambridge History of Early....* p. 108
[33] Sinor, Denis – *The Cambridge History of Early....* p. 108

evidencia de una población escita culturalmente distinta. Fueron asimilados por los godos y otros pueblos nómadas que pasaron por la región del Bósforo, y perdieron su cohesión cultural y lingüística, marcando el final de facto de lo que en general llamamos escitas.

---

[34] Sinor, Denis – *The Cambridge History of Early*.... p. 108.

Parte II: Los sármatas

Capítulo 6 – Los orígenes de los sármatas

La primera referencia al término "saurómatas" viene a través del escritor griego Heródoto en sus Historias para describir a un pueblo nómada que vivía al sur del río Don y el Volga. Se refiere a ellos como los hijos de un padre escita y una madre amazónica, lo que para él justificó por qué hablaban un "dialecto roto" de la lengua escita. La base de esta afirmación es, por supuesto, solo mítica, sin embargo, al analizar y hacer referencias cruzadas entre los diversos autores clásicos y los datos arqueológicos, los académicos han podido concluir que las tribus escitas y saurómatas se originaron en los pueblos de la cultura Srubna de la Edad del Bronce, ubicada en la costa norte del mar Negro y cubriendo una gran parte de la estepa póntico-caspio (desde el noreste de Bulgaria hasta Rumanía, Moldavia, Ucrania y el sur de Rusia hasta el oeste de Kazajstán). Algunas de las tribus de la cultura Srubna cooperaron con las tribus de la cultura Andronovo, cuya presencia cubría casi todo el Kazajstán moderno, y fueron influenciadas culturalmente por ellas, lo que puede explicar por qué los saurómatas hablaban un "dialecto roto" del idioma escita.[35]

Los saurómatas, como los escitas, no eran una sola entidad unificada, sino un grupo de tribus diferentes que compartían un

---

[35] Sinor, Denis – *The Cambridge History of Early....* p. 110.

trasfondo cultural común. Permanecieron en su mayoría en el territorio al sureste del río Don entre los siglos VI y VII a. C., pero a partir del final del siglo V, los saurómatas cruzaron el Don y se establecieron en la costa del mar de Azov.

La proximidad entre los saurómatas y los escitas, tanto en términos geográficos como culturales, se produjo en una cooperación pacífica entre los dos grupos de pueblos. Tanto es así que cuando el emperador persa Darío I envió una incursión militar para terminar con la amenaza escita, los saurómatas fueron contados entre los aliados escitas.

Aunque los saurómatas compartieron un vínculo genético con los sármatas posteriores, no son lo mismo, y no se puede establecer una línea directa de desarrollo entre los dos pueblos más claramente porque los Sármatas se desarrollaron de manera diferente que los saurómatas, aunque los dos finalmente cruzaron caminos y se entremezclaron entre sí.

El grupo de pueblos proto-sármatas se originó en el área al sur de los montes Urales y finalmente, entre los siglos IV y III a. C., emigró a la región al sur del Volga y al sureste del Don, conquistando los saurómatas que vivían allí. La mezcla de estos pueblos, los sármatas y los saurómatas, es el núcleo del origen de las tribus sármatas que luego vemos mencionadas en las fuentes de la antigüedad: los aorsos, siraces, roxolanos, alanos y los yacigios.[36]

---

[36] Sinor, Denis – *The Cambridge History of Early....* p. 112.

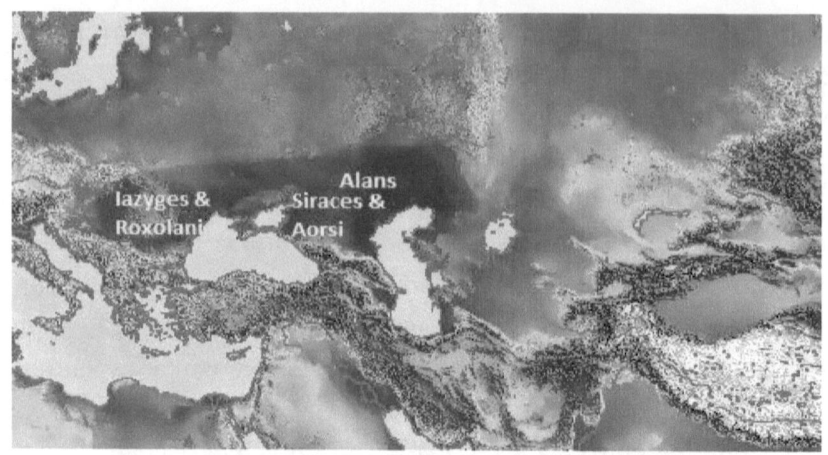

Figura 3 - Extensión máxima estimada de los sármatas y la ubicación de la tribu principal en el siglo I EC. Los alanos se originaron solo en el siglo I d. C. y asimilaron los aorsos y probablemente los siraces restantes.

Los siraces eran sármatas que emigraron a la costa del mar Negro/mar de Azov, al sur del Don, a finales del siglo V a. C. A menudo aparecen en obras clásicas junto al reino de Bosporan, con quienes mantuvieron estrechas relaciones. En un momento, Estrabón menciona que los siraces durante el reinado del rey Abeacus pudieron criar alrededor de 20.000 jinetes. Sin embargo, por lo que podemos concluir, eran una tribu relativamente más pequeña, por lo que no podemos confirmar que esto sea exacto. La proximidad que mantenían entre los reinos pónticos y bosporano los convertía en el más helenizado de los sármatas, y aunque la mayoría de su aristocracia mantenía un estilo de vida seminómada, la mayoría de la población era sedentaria.[37]

Los aorsos vivían en la meseta abierta al sur del Don y al noreste de los siraces. Estrabón indica que los aorsos eran uno de los pueblos sármatas más prominentes y, de hecho, estaban divididos entre los aorsi inferiores y superiores. El aorso inferior se describió como capaz de desplegar alrededor de 200.000 jinetes y vivía en la meseta al sur del Don. La parte superior de los aorsos ocupaba un área más

---

[37] Brzezinski, R; Mielczarek, M – *The Sarmatians.* p. 7.

significativa que consistía en toda la costa del mar Caspio, y los estudios modernos han rastreado su influencia hasta el mar de Aral.[38]

Los roxolanos y los yacigios estaban a la vanguardia del movimiento sarmatiano hacia el oeste, y todas las evidencias los señalan como los primeros sármatas en cruzar el río Don. Las dos tribus estaban ubicadas en diferentes zonas geográficas; los roxolanos se mantuvieron principalmente en la región al sur de Ucrania de la estepa forestal, mientras que los yacigios se mantuvieron en los territorios de Crimea y en la costa del mar Negro/mar de Azov. Su avance gradual hacia el oeste del Don comenzó en el siglo II a. C. y duró hasta que los roxolanos llegaron a la región de Moesia en el siglo I d. C. y amenazaron la región oriental del Imperio romano.[39]

Los alanos fueron los últimos de lo que llamamos las tribus sármatas que aparecieron en la región del mar Negro procedentes de Asia Central a mediados del siglo I d. C. Se describe que no son totalmente sarmatios y se cree que tuvieron una composición tribal de origen de Asia Central y sármata. Algunos autores de la antigüedad señalan que la parte sármata de los alanos se originó en la tribu de los masagetas, que se habían mezclado con varios pueblos saka y otros asiáticos centrales.[40]

---

[38] Brzezinski, R; Mielczarek, M – *The Sarmatians*. p. 7 & 8.
[39] Brzezinski, R; Mielczarek, M – *The Sarmatians*. p. 8.
[40] Brzezinski, R; Mielczarek, M – *The Sarmatians*. p. 10.

Capítulo 7 – El arte, la cultura y la religión

La ausencia de fuentes escritas de sármata hace que sea un poco difícil precisar cómo eran exactamente su cultura y religión. A partir de los datos arqueológicos y las fuentes clásicas, podemos inferir cierta información sobre la forma en que vivieron estas personas y sus tradiciones culturales.

Algunos historiadores opinan que la producción cultural de los sármatas fue menos desarrollada que la de los escitas, lo que significa que los materiales arqueológicos encontrados a menudo son menos complejos en detalles y menos ricos. La frecuencia de los artefactos más ricos también es menor que la de los escitas.[41]

Sin embargo, los artefactos sármatos siguen siendo impresionantes por derecho propio y son la prueba física de sus logros artísticos. Hoy, podemos encontrar algunos de ellos en la colección sármata del Museo Estatal del Hermitage en San Petersburgo, Rusia, que cuentan con una extensa y magnífica colección de objetos preciosos. Existen múltiples tipos de artefactos sarmatios de oro, incluidos pares dorados, frascos de perfume y diademas, todos ellos comparten el mismo estilo artístico: el llamado estilo animal policromado sármata. Notable por la representación de las cabezas y los cuerpos de los animales en sus adornos, el estilo policromado de los sármatas fue el

---

[41] Sinor, Denis – *The Cambridge History of Early*.... p. 111.

resultado de la profunda conexión que los sármatas tenían con la naturaleza y la importancia que tenía para ellos.[42]

Las pocas piezas de arte sármata que llegaron hasta nosotros están aquí gracias a los rituales funerarios que, al igual que los escitas, constituían estructuras subterráneas debajo de un montículo de tierra donde enterraban a sus muertos en habitaciones rectangulares e incluían artículos personales, regalos y ofrendas. En los túmulos funerarios de los individuos importantes sármata, se han encontrado varios artículos de oro, como pulseras, pares o incluso hebillas de cinturones, que muestran su riqueza. Si el individuo era mujer, entonces las joyas preciosas como anillos o collares de oro acompañaban a los muertos.[43]

El estilo de arte animal sármata también es indicativo de su veneración religiosa con la naturaleza y su uso de sacrificios rituales y animales. Aunque no se sabe mucho sobre sus dioses o diosas específicos, conocemos algunos datos de información. Sabemos que a través de la evidencia histórica de la tribu de Alan, los sármatas probablemente adoraban a un panteón de siete dioses, la norma entre las tribus de origen indoiranio. Entre su panteón, los historiadores están casi seguros de que los sármatas adoraban a un dios del agua y una diosa del fuego, que también era muy común entre las tribus indoiranias. Una práctica religiosa particular que conocemos a través de los registros del romano Amiano Marcelino es la adoración de un dios, similar al dios romano Marte, este ritual fue consumado al introducir una espada en un pequeño montículo de tierra. En una representación de la erección del "axis mundi" (en las religiones antiguas, el axis mundi representaba el "cordón umbilical" que une el mundo de los dioses con el mundo de los humanos, y erigir un axis mundi significaba crear un sitio donde esto "cordón umbilical" podría

---

[42] The State Hermitage Museum. *Treasures from the Sarmatians*. HermitageMuseum.org. 24 May 2019
< https://www.hermitagemuseum.org>.
[43] The State Hermitage Museum. *Treasures from the Sarmatians*. HermitageMuseum.org. 24 May 2019
< https://www.hermitagemuseum.org>.

existir), el ritual probablemente simbolizaba la conexión de la gente con sus dioses, una práctica que los sarmatianos compartían con sus primos escitas, quienes, a diferencia de ellos, tenían altares especialmente dedicados para este ritual específico. Fuera de estos altares, no tenemos datos arqueológicos de los edificios sármatas que se utilizaron específicamente como templos, lo que sugiere que no tenían ninguno.[44]

Los entierros y la religión sármata estaban interconectados ya que el entierro de un individuo fallecido se hacía de acuerdo con sus creencias religiosas. Además de preparar un viaje a algún tipo de vida después de la muerte, se puede encontrar evidencia de su culto al fuego en sus túmulos funerarios. Se han encontrado restos de una hoguera ritual, que se utilizaba para cubrir las tumbas, así como un anillo hecho de cenizas dentro de la tumba. El papel predominante del fuego con las tumbas sármatas no se comprende completamente, pero nos da una clara indicación de que para estas personas el fuego era esencial para el ritual del entierro. La proximidad de los túmulos sugiere que los sármatas practicaban algún tipo de veneración de antepasados y que a los sármatas les gustaba ser enterrados cerca de sus antepasados. Por supuesto, esto no significa necesariamente que la veneración de los antepasados era una parte esencial de sus costumbres religiosas, sino que era más bien una práctica cultural que era de vital importancia para estos pueblos.[45]

En los túmulos funerarios de algunas mujeres sármatas, se ha encontrado lo que se consideraría un pequeño altar portátil, un pequeño plato de piedra, que se utilizó para diversas actividades rituales, como encender fuegos rituales o moler tizas. El hecho de que estos altares portátiles solo se hayan encontrado, hasta ahora, en túmulos funerarios de mujeres indica que solo las mujeres podrían ser

---

[44] Encyclopedia of Religion. *Sarmatian Religion*. Encyclopedia.com. 3 Jun. 2019<https://www.encyclopedia.com>.
[45] Encyclopedia of Religion. *Sarmatian Religion*. Encyclopedia.com. 3 Jun. 2019<https://www.encyclopedia.com>.

sacerdotisas o, al menos, que eran las únicas que podían usarlas religiosamente.[46]

Los sármatas practicaron la deformación cultural del cuerpo, y aunque no estamos totalmente seguros de si los relatos del geógrafo romano Pomponio Mela (15-45 d. C.) sobre la cauterización de los senos en las mujeres son ciertos, tenemos evidencia arqueológica de que los alanos practicaron el alargamiento de la cabeza. En su infancia, los niños de Alan podían vendarse en la cabeza para que tuvieran una estructura craneal alargada cuando fueran mayores. El propósito de esta práctica, fuera de un sentido cultural de "moda", no se entiende muy bien, pero la frecuencia de los cráneos alargados en los datos arqueológicos fechados entre los siglos IV y V d. C. apunta a que esta práctica se popularizó por las influencias húnnicas.[47]

Los tatuajes corporales también eran una práctica común entre los pueblos sármatas, y, según el filósofo e historiador romano Sexto Empírico (160-210 d. C.), estaban tatuados en su infancia. Los tatuajes probablemente se habrían hecho en el estilo animal sármata, dada la importancia que tenía culturalmente para los sármatas.

Todo lo que sabemos sobre el arte, la cultura y la religión de los sármatas corrobora la narrativa de que históricamente los escitas y los sármatas tenían vínculos culturales muy cercanos, no solo en términos lingüísticos sino también en prácticas culturales.

---

[46] Encyclopedia of Religion. *Sarmatian Religion*. Encyclopedia.com. 3 Jun. 2019<https://www.encyclopedia.com>.
[47] Brzezinski, R; Mielczarek, M – *The Sarmatians*. p. 13.

Capítulo 8 – La economía y la sociedad

Económicamente, los sármatas no eran muy diferentes de los escitas. Como grupo de tribus seminómadas, estos pueblos dependían de la agricultura y la cría de animales no solo para mantenerse sino también para comerciar con otras civilizaciones. La caza desempeñó un papel importante en su economía, ya que las pieles y las pieles que recolectaron obtendrían un alto precio en las áreas del Mediterráneo y el Ponto. Parte de su riqueza material y artefactos preciosos provendrían de incursiones y guerras, ya que su alta movilidad les daría la capacidad de reunir grupos de pillaje rápido para obtener el botín de los asentamientos vecinos. Esta forma de guerra fue el resultado de su dominio de la equitación y su dependencia del caballo para sus actividades marciales, lo que les hizo tener una caballería que era mucho más grande que otras civilizaciones en este momento.[48]

Otro punto a considerar en términos de su estructura económica y algo que no se puede ignorar fue su trabajo como mercenarios en la nómina de los imperios o reinos ricos, como el reino de Bospora y el Imperio romano. No solo se les pagaría generosamente por sus servicios, sino que su lealtad y buen comportamiento serían recompensados con valiosos regalos hechos de oro u otros materiales valiosos.[49]

---

[48] Sinor, Denis – *The Cambridge History of Early*.... p. 115.
[49] Brzezinski, R; Mielczarek, M – *The Sarmatians*. p. 15.

Los aorsos superiores, y más tarde los alanos, tenían acceso a otros tipos de riquezas ya que las importantes rutas comerciales que llegaban al mar Negro desde Mesopotamia e India les daban un tipo de riqueza material que otras tribus sármatas no podían lograr. Estrabón describe esto bien en su pasaje:

> Pero los aorsos superiores enviaron un número aún mayor, ya que tenían dominio sobre más tierras y, casi se puede decir, gobernaron sobre la mayor parte de la costa del Caspio, y, en consecuencia, podían importar en camellos la mercancía india y babilónica, recibiéndola a su vez de los armenios y los medos, y también, debido a su riqueza, podían usar adornos dorados.[50]

Los sármatas no tenían monedas oficiales ni un sistema financiero complejo. En cambio, comerciarían ya sea mediante trueque o utilizando monedas de otras civilizaciones, como las monedas romanas y griegas. En la región del mar Negro, ciudades de otros reinos como el griego Olbia y el Bosporan Chersonesus serían responsables de la acuñación de monedas, y cuando este tipo de ciudades fueran conquistadas por los sármatas o los escitas, lo usarían para impactar en sus propias monedas, que imitaba a los griegos.[51]

Los sármatas eran una sociedad tribal y compartían muchas características con otras civilizaciones contemporáneas similares, principalmente los escitas. Los sármatas estaban divididos entre muchas tribus que juntas tenían una cultura e idioma familiares, pero cada tribu era independiente y tenía una figura de "rey" o "jefe". En ciertas ocasiones, estos líderes se unirían para gobernar sobre grandes confederaciones de pueblos, como fue el caso de los alanos, roxolanos, yacigios, aorsos y siraces. Todas estas tribus eran confederaciones y se formaron por subyugación de muchas tribus más pequeñas o por iniciativa tribal, lo que significa que las tribus se

---

[50] Strabo – *Geography*. Book 6. 8 [Online] [Read 26/05/2019] Available at: http://penelope.uchicago.edu/Thayer/E/Roman/Texts/Strabo/11E*.html.
[51] Grumeza, Lavinia – *Roman Coins in Sarmatian Graves from the Territory of Banat (2nd-4th centuries AD)*. Analele Banatului Archeologie-Istorie. Cluj-Napoca: Editura MEGA. ISSN 1221-678X. Nº 21 (2013). p. 117-128.

habrían unido por su propia voluntad y luego elegir un rey de una tribu que todos respetaran. No estamos completamente seguros de por qué crearon confederaciones debido a una iniciativa tribal, presumiblemente, era fortalecerse como grupo cultural o buscar las oportunidades que una tribu podría tener en tales confederaciones, como la facilidad de acceso a un mejor botín. Se cree que todas las confederaciones sármatas mencionadas anteriormente fueron creadas por agregación tribal libre, pero todas, en algún momento u otro, integraron tribus más pequeñas con fuerza.

Esto no fue lo único que los sármatas tenían en común con los escitas, ya que también vestían ropa similar. Tanto los hombres como las mujeres usarían capas cortas, caftanes (un tipo de camisa tradicional) que se abría en la parte delantera, pantalones sueltos y tocados con uno o dos discos en la frente. Llevaban botas altas, medias de cuero, zapatos con un frente puntiagudo o botas altas de fieltro. También se podía ver a las mujeres con un vestido sin mangas abrochado en cada hombro con un peroné. Hasta el día de hoy, los caftanes todavía se usan en las regiones influenciadas por los sármatas. La diferencia entre la ropa aristocrática y la de los plebeyos eran los materiales de los que estaban hechas las mercancías. Los aristócratas sármatas vestían ropas hechas de seda y lino decoradas con adornos dorados, todos estos fueron materiales importados de las civilizaciones mediterráneas.[52] Los sármatas intercambiarían principalmente productos naturales por productos manufacturados de sus socios comerciales mediterráneos. Desde la ropa y los cascos griegos hasta las joyas, los sármatas buscarían estos productos y, a cambio, venderían o intercambiarían pieles, pieles, productos de animales domésticos y productos agrícolas.

Como se indicó anteriormente, la disparidad de riqueza entre la gente común y la aristocracia no fue tan acentuada como en la sociedad escita, o al menos en lo que respecta a los túmulos

---

[52] Encyclopedia Iranica – *Clothing of the Iranian Tribes on the Pontic Steppes and in the Caucasus* [Online] [Read 21/06/2019] Available at: http://www.iranicaonline.org/articles/clothing-vii.

funerarios, por lo que los historiadores suponen que muy pocos individuos obtendrían más riqueza que los demás y que no era tanto como para dejar una gran brecha de riqueza. Sin embargo, esto es cierto solo durante los pocos siglos de su presencia en el área del mar Negro porque a medida que tuvieron éxito entre el siglo IV y el siglo I a. C., la riqueza llegó y solo aquellos con más poder obtendrían una participación más significativa. Esta disparidad de riqueza aumentaría con el tiempo, ya que cada figura decorativa rompería las tradiciones comunales tribales y acumularía riqueza para sí mismos.[53]

Los roles sociales sarmatianos colocaron a las mujeres en un lugar de gran influencia, similar a los escitas. Las mujeres no solo participaban en alguna forma del sacerdocio y tenían importancia religiosa, sino que también luchaban junto a los hombres en el campo de batalla. Se ha encontrado una gran cantidad de túmulos funerarios con tumbas de mujeres guerreras, lo que demuestra el papel igualitario de mujeres y hombres en la guerra. Se han encontrado algunos túmulos funerarios donde las mujeres fueron enterradas en una posición central y acompañadas de muchas riquezas, por lo que sabemos que las mujeres sármatas podían ocupar puestos de importancia social y tenían el poder de acumular grandes sumas de riqueza. Los cuentos griegos de los míticos guerreros amazónicos se originaron en las tribus sármatas ya que, según algunos autores clásicos como Hipócrates y Pomponio Mela, las mujeres sármatas solo podían casarse después de enfrentarse a un enemigo en el campo de batalla.[54]

El relato del escritor clásico Pomponio Mela es el siguiente:
> Son guerreros, libres, invictos, y tan salvajes y crueles que las mujeres también van a la guerra al lado de los hombres, y para que las mujeres puedan ser aptas para la acción, su seno derecho se cauteriza tan pronto como nacen. Como resultado,

---

[53] Sinor, Denis – *The Cambridge History of Early....* p. 116.

[54] Sinor, Denis – *The Cambridge History of Early....* p. 111 & 112. Brzezinski, R; Mielczarek, M – *The Sarmatians.* p. 43.

ese seno, ahora expuesto y listo para soportar golpes, se desarrolla como el pecho de un hombre. El tiro con arco, la equitación y la caza son actividades de una niña; matar al enemigo es un deber militar de una mujer, tanto que no haber derribado a uno se considera un escándalo, y la virginidad es el castigo para esas mujeres.[55]

La esclavitud era parte de la sociedad sarmatiana, pero la evidencia apunta al hecho de que los sármatas solo usaban esclavos en el país o como objeto de comercio.[56] Sin embargo, mantendrían a ciertos pueblos conquistados como siervos que hicieron la mayor parte del trabajo agrícola ellos mismos. La evidencia apunta a personas como los limigantes, que vivían en la intersección de la actual Rumanía, Hungría y Serbia, de tener esa tarea social y económica.

---

[55] Mela, Pomponius – *De Situ Orbis*. Transl. F.E. Romer. Michigan: University of Michigan.1998 p.110.

[56] Sinor, Denis – *The Cambridge History of Early....* p. 116.

Capítulo 9 – La guerra y la conquista

La guerra y el conflicto eran una parte esencial de la sociedad sarmatiana, y su cultura, economía y sociedad se construyeron alrededor de la guerra, el saqueo y la conquista. Desde la caza hasta el saqueo, los sármatas sabían que para sobrevivir en las estepas, uno tenía que ser no solo móvil sino audaz y fuerte. A partir del siglo IV a. C. en adelante, su fama como guerreros formidables y despiadados creció, y pronto, serían contratados como mercenarios por los reinos pónticos y bosporano y más tarde por los romanos.

El primer relato escrito de los saurómatas en las fuentes clásicas es sobre su participación con la fuerza escita contra el rey persa Darío I en 513 a. C. No es una mera coincidencia que cuando los autores clásicos los mencionaron más tarde en sus textos, tuvo que ver principalmente con sus conflictos y la forma en que lucharon. El alcance de su colaboración no se conoce por completo, pero Heródoto los menciona como aliados de los escitas.[57]

Las tribus sármatas tuvieron muchos encuentros militares a lo largo de su historia escrita. Los aorsos lucharon en el lado romano en la guerra romano-bosporana en el año 49 EC, y los siraces lucharon en el lado opuesto. Este conflicto bosporano se creó cuando el rey bosporano Aspurgus murió y dejó el reino a su hijo, Mitrídates III. El

---

[57] Brzezinski, R; Mielczarek, M – *The Sarmatians*. p. 7.

reclamo de Mitrídates se fortaleció cuando el emperador romano Claudio lo hizo gobernante de todos los territorios bosporanos, aunque permanecieron como un estado cliente de los romanos. Sin embargo, en 45 d. C., por razones que no entendemos completamente, Claudio depuso a Mitrídates y colocó a Cotys I, el hermano menor de Mitrídates, en el trono. Para proteger a su nuevo cliente-rey, el emperador Claudio colocó a Cayo Julio Aquila a cargo de algunas cohortes romanas.

Mitrídates no podía quedarse de brazos cruzados y ver a su hermano traidor reclamar el trono que sentía que era suyo, por lo que buscó la ayuda de una tribu vecina sármata, los Siraces, que estaban bajo el rey Zorsines. Cotys temía una invasión inminente y recurrió a Cayo Julio Aquila y sus cohortes en busca de ayuda. Cayo era un general astuto, y al ver que las fuerzas de Mitrídates eran mucho más numerosas que las suyas, rápidamente solicitó la ayuda de otra tribu sármata, los aorsos, que estaban bajo el rey Eunones. Tan pronto como sus fuerzas estuvieron preparadas, Eunones y Aquila atacaron al lado contrario. Las fuerzas romanas comenzaron a sitiar las ciudades bosporanas bajo el control de Mitrídates, como Artezian, mientras que los aorsos invadieron los territorios siracénicos y sitiaron el asentamiento de Uspe. Esta ciudad de Siracen tenía defensas débiles, lo que permitió a los aorsos construir torres altas que podrían usar para hostigar a los defensores con flechas y dardos. La defensa de Uspe era insostenible y rápidamente cayó al control de aorsos. El asedio duraría solo un día, según el historiador romano Tácito, y resultaría en la rendición de los siraces.

Cuando Mitrídates recibió la noticia de la rendición de su aliado y vio que sus fuerzas estaban disminuyendo, decidió rendirse personalmente al rey Eunones, ya que sabía que los romanos y su hermano lo matarían. Tácito describe que Mitrídates fue a la corte de Eunones y se arrodilló ante él, diciendo: "Mitrídates, a quien los romanos han buscado durante tantos años por tierra y mar, se presenta ante usted por su propia elección. Trata como quieras con el descendiente de los grandes Aquémenes, la única gloria de la que los enemigos no me han robado. El rey de los aorsos quedó impresionado por su coraje y, considerando que los aorsos eran la única tribu capaz de protegerlo contra la agresión romana, permitió a Mitrídates refugiarse en la corte de Sármata. Sin embargo, Eunones no pudo poner en riesgo su alianza con los romanos para proteger a un príncipe depuesto y escribió al emperador romano informándole de la presencia de Mitrídates en su corte, pero también le pidió que mostrara piedad al depuesto rey bosporano. Claudio mostró su misericordia, pero ordenó que Mitrídates fuera enviado a Roma. Después de una audiencia con el emperador, Mitrídates fue despedido y perdonado.[58]

La fuerza aorsorromana aseguró una victoria para su coalición y trajo tal devastación a los Siraces que solo aparecerían una vez más en los libros clásicos como co-beligerantes en el conflicto de Bosporan de 193 d. C. Después de eso, desaparecen de la historia escrita. Aunque los aorsos eligieron el bando ganador en la guerra romano-bosporana en el año 49 EC, algunas décadas después, serían conquistados y asimilados por los poderosos alanos que habían llegado recientemente al área del mar Negro.[59]

Los yacigios y roxolanos, que habían cruzado el Don en el siglo II a. C., se encontraban en una posición ventajosa en el siglo I a. C., muy cerca de la frontera romana y, por lo tanto, tenían acceso a relaciones diplomáticas directas con el Imperio romano, así como la posibilidad para saquear algunas de sus ciudades más ricas. Durante el siglo I d. C., los yacigios fueron relativamente amigables con los romanos y los ayudaron en sus agendas militares. Sin embargo, los roxolanos llevaron a cabo una serie de incursiones en la Moesia romana del 62 al 86 d. C., incluso lograron destruir una legión romana. Esta destrucción les recordó a los generales romanos que los pueblos sármatas eran un enemigo serio, e incluso su estructura de

---

[58] Tacitus – *The Annals*. Book XII. [Online] [Read 20/06/2019] Available at: http://classics.mit.edu/Tacitus/annals.8.xii.html.
[59] Brzezinski, R; Mielczarek, M – *The Sarmatians*. p. 8.

ejército superior no podía competir con la gran cantidad de hombres de caballería que los sármatas tenían en sus anfitriones.

Los roxolanos también participaron en las guerras dacias, poniéndose del lado de los pueblos dacios contra los invasores romanos. En esta guerra, los romanos solicitaron la ayuda de los yacigios que habían sido receptivos hacia ellos anteriormente. Al final de las guerras de Dacia, el emperador romano Trajano ganó el conflicto contra la fuerza combinada dacia-roxolana y logró antagonizar a ambas tribus sármatas (roxolanos y yacigios) al establecer y demarcar la provincia imperial de Dacia, infringiendo el control de los sármatas en el área. Se involucrarían en muchos conflictos con el Imperio romano después de esto, solo se pacificarían temporalmente cuando el emperador romano Adriano les permitiera coexistir en Dacia controlada por los romanos. En este proceso de pacificación, el rey de los roxolanos, Rasparagnus, recibió la ciudadanía romana, y se pagaron subsidios a los roxolanos para mantener cierta estabilidad en las fronteras. Las guerras de Marcomanas (166-180 EC) durante el reinado del emperador romano Marco Aurelio marcaron una reapertura de sus hostilidades con los sármatas cuando los yacigios se unieron a las fuerzas germánicas para invadir las provincias romanas de Panonia, Dacia, Noricum y todo el camino hacia Italia y Acaya (Grecia). Marco Aurelio finalmente los derrotó y se hizo la paz. La tregua entre los dos se finalizaría con la entrega de 8.000 jinetes sármatas. Para esta victoria, Marco Aurelio adoptaría el título de "sarmático", un título que mostraba abiertamente a los romanos que Aurelio fue quien sometió y logró grandes victorias contra los sármatas.[60]

El primer conflicto militar de Alanic que se menciona en la literatura clásica es la incursión de Alanic en Partia en 72 EC. Lo que esencialmente fue una incursión militar de saqueo por parte de los alanos casi resultó en la captura del rey armenio Tiridates I en la

---

[60] Brzezinski, R; Mielczarek, M – *The Sarmatians*. p. 9.

batalla. Escapó y tuvo éxito en su intento de defender su patria del saqueo sarmatiano.

En 135 d. C., se menciona otra cuenta de una incursión de saqueo alanico, esta vez en Asia Menor a través de las montañas del Cáucaso. Este esfuerzo fue finalmente rechazado por Arriano, el gobernador romano de la provincia de Capadocia, una región en la actual Turquía. El comienzo del siglo II d. C. marcaría la llegada de los alanos en el área del mar Negro, donde asimilaron y conquistaron a los sármatas locales como los aorsos.[61]

La organización militar de las unidades sármatas desde el siglo VII hasta el siglo IV a. C. era de origen tribal y exigiría que todos los hombres y mujeres que pudieran luchar se presentaran en el campo de batalla donde los individuos del poder comandarían sus pequeños grupos locales. Estos individuos responderían a las órdenes del rey o jefe tribal. A partir del siglo IV en adelante, los sármatas desarrollaron una estructura social en torno a la guerra, y los guerreros solo serían los elegidos explícitamente para luchar en el campo de batalla, ya fueran hombres o mujeres, no solo individuos aptos. Así surgió una "casta" guerrera.[62] El autor griego Luciano nos da una idea de cómo se criaron las hordas de guerreros sármatas:

> Nuestra costumbre de la piel es la siguiente. Cuando un hombre ha sido herido por otro y desea vengarse, pero siente que no es rival para su oponente, sacrifica un buey, corta la carne y la cocina, y extiende la piel al suelo. En este escondite, toma asiento, sosteniendo las manos detrás de él, para sugerir que sus brazos están atados en esa posición, siendo esta la actitud natural de un suplicante entre nosotros. Mientras tanto, la carne del buey ha sido tendida; y las relaciones del hombre y cualquier otra persona que se sienta tan dispuesta aparecen y toman una porción de la misma, y, poniendo su pie derecho sobre la piel, prometen cualquier ayuda que esté en su poder: uno se comprometerá a proporcionar y mantener a cinco

---

[61] Brzezinski, R; Mielczarek, M – *The Sarmatians.* p. 10.
[62] Brzezinski, R; Mielczarek, M – *The Sarmatians.* p. 14.

jinetes, otros diez, un tercero un número mayor; mientras que otros, según su capacidad, prometen infantería pesada o ligera, y los más pobres, que no tienen nada más que ofrecer, ofrecen sus propios servicios personales. El número de personas reunidas en la piel es a veces muy considerable; ni las tropas podrían ser más confiables o más invencibles que las que se reúnen de esta manera, ya que están bajo voto; porque el acto de pisar la piel constituye un juramento. Por este medio, entonces, Arsacomas levantó algo así como 5.000 caballerías y 20.000 pesados y armados ligeros.[63]

Aunque se podría decir que los sármatas se dedicaron profesionalmente a la guerra, considerando que su civilización y cultura dependían de ello, no tenían una estructura de ejército profesional como el Imperio romano. El método sarmático de formar un ejército era similar a los de los celtas o los galos, donde los individuos juraban lealtad a un hombre o causa, quienes a su vez les prometieron botín y saqueo. Sin embargo, esto solo es cierto para su organización militar hasta el siglo II EC, ya que la sociedad sarmatiana se volvió más jerárquica desde el siglo II hasta el siglo IV, y los guerreros fueron elegidos y entrenados de acuerdo con sus habilidades. Como tal, entre esos siglos, se formó un tipo especial de unidad de caballería sarmatiana, la lanza blindada, para ayudar a apoyar a los ejércitos sarmatianos con el uso de la lanza larga.[64]

La caballería estaba en el núcleo del ejército sármata, y la unidad más común de la caballería era el arquero de caballos con armadura ligera; estarían acompañados por lanceros mejor armados que constituían la minoría de las fuerzas. Algunos registros históricos afirman que usaron infantería, pero es probable que esté constituido principalmente por personas no sarmatianas (es decir, pueblos asimilados) o por sármatas más pobres que no podían permitirse el

---

[63] The Works of Lucian of Samosata. Translated by Fowler, H W and F G. Oxford: The Clarendon Press. 1905. [Online] [29/05/2019]. Available at: https://lucianofsamosata.info/Toxaris.html. Entry 48.
[64] Brzezinski, R; Mielczarek, M – *The Sarmatians*. p. 15.

lujo de poseer un caballo.⁶⁵ Los alanos, por ejemplo, tenían una aversión de estar a pie y lo consideraron debajo de ellos, lo cual es confirmado por Amiano Marcelino quien afirma: "Por lo tanto, todos aquellos que por edad o sexo no son aptos para la guerra permanecen cerca de los carros y están ocupados en tareas ligeras; pero los jóvenes crecen con la costumbre de montar desde su más temprana infancia y consideran despreciable ir a pie..."⁶⁶

La armadura que usaban los soldados sármatos estaba hecha principalmente de cuero, piel o hierro. La armadura de bronce sería utilizada solo por los guerreros más ricos, ya que era costosa y difícil de fabricar. La famosa armadura a escala de hierro y bronce, una característica que también compartieron con los escitas, se ha encontrado en hallazgos arqueológicos entre los saurómatas del siglo VI a. C. Sin embargo, solo los guerreros más ricos podrían permitírselo. Los menos ricos cosían escamas individuales a su piel o armadura de cuero. Un tipo diferente de armadura, el correo, solo se ha encontrado en hallazgos arqueológicos del primer siglo EC. Los sarmatianos usaron por primera vez armadura de malla para complementar el uso de armadura de escamas en el área del torso, que era menos avanzada tecnológicamente, y también usarían armadura de malla para cubrir sus brazos y piernas. Solo en el siglo II d. C. encontramos conjuntos completos de armaduras de malla utilizadas por los sármatas. Alrededor de este siglo, también apareció otro tipo de armadura de escamas que requería menos recursos y estaba hecha de materiales locales como cuernos o cascos de caballo que luego se encerraron en la forma de escala.⁶⁷

Los cascos de la aristocracia sármata, como su armadura, estarían hechos de metal, y el primero de ellos fueron los cascos griegos corintios que fueron modificados para no restringir tanto la visión del usuario. Desde el siglo II EC hasta el cuarto EC, alrededor del área

---

⁶⁵ Brzezinski, R; Mielczarek, M – *The Sarmatians*. p. 19 & 20.
⁶⁶ Marcellinus, Ammianus – *Rerum Gestarum*. Book 31. 2.20 [Online] [Read 30/05/2019] Available at: http://penelope.uchicago.edu/Thayer/E/Roman/Texts/Ammian/home.html.
⁶⁷ Brzezinski, R; Mielczarek, M – *The Sarmatians*. p. 20 & 21.

del mar Negro, otro casco griego reemplazaría al corinto, el pileo griego, así como otras variedades celtas e italo-etruscas. El pileo griego era un casco muy básico, que consistía esencialmente en un sombrero de metal en forma de cono que solo protegía el cráneo del individuo. A finales del siglo I d. C., un casco peculiar ganó considerable popularidad. Estaba hecho de placas de hierro curvadas que se colocaban debajo de un esqueleto de hierro hecho de tres o cuatro bandas verticales y remachado en dos aros horizontales; a menudo se retrata como el precursor del Spangenhelm medieval.[68]

Los sármatas utilizaron tres armas principales: la lanza, la espada y el arco. La lanza y la lanza larga se usarían a caballo y permitirían al usuario matar a su enemigo a una distancia segura, especialmente con el caso de la lanza larga. Los acinaces iraníes, también deletreados akinakes, eran una espada corta (35-45 centímetros, o entre 14 y 18 pulgadas) que usaban, aunque había espadas que eran más largas (alrededor de 70 centímetros, o un poco más de 2 pies). Este último sería especialmente útil para el combate a caballo, ya que eso requería armas con un alcance más largo. El arco primitivo del período inicial de Sármata consistiría en varias piezas de madera pegadas y generalmente no tenía más de 80 centímetros (un poco más de 2.5 pies) de longitud. Fue solo a partir del siglo I d. C. que los sarmatios adoptaron el llamado arco húnico, que era más grande, medía 120 centímetros (casi 4 pies) de largo y estaba hecho de materiales compuestos mucho más fuertes.[69]

---

[68] Brzezinski, R; Mielczarek, M – *The Sarmatians*. p. 22.
[69] Brzezinski, R; Mielczarek, M – *The Sarmatians*. p. 24-34.

Capítulo 10 – El fin de los Sármatas

El período de los sármatas termina de una manera muy similar a la de los escitas, con la gran migración de los godos desde Escandinavia y Europa del Este. Barrieron el área del mar Negro hacia el oeste y destruyeron tribus enteras o tribus integradas que conquistaron en su camino. Echemos un vistazo a cómo cada tribu sármata terminó su período de gloria en la región del mar Negro.

Como se mencionó anteriormente, los saurómatas terminaron con la llegada y conquista/asimilación de ellos por los siraces y aorsos en los siglos V al IV a. C. los siraces desaparecieron después del conflicto de Bosporan de 193 d. C., quizás asimilados por los aorsos; y los aorsos terminaron con la llegada de los alanos al área del mar Negro a mediados del siglo I d. C., siendo conquistados/asimilados por ellos.

Los yacigios y roxolanos, que habían cruzado el Don mucho antes de la llegada de los alanos, sobrevivieron a algunos conflictos con el Imperio romano, pero finalmente fueron asimilados en el imperio entre los siglos III y IV d. C., quienes luego usaron sus territorios como una barrera natural contra las hordas de invasores góticos. Este acto estableció a Dacia y Panonia como la tierra de los sármatas del Danubio, donde mantuvieron cierto grado de identidad cultural y autonomía, pero fueron considerados parte del Imperio romano.[70] A

---

[70] Brzezinski, R; Mielczarek, M – *The Sarmatians*. p. 7 & 8.

mediados del siglo V d. C., ambas tribus fueron conquistadas y asimiladas a los hunos.

Por último, los alanos fueron expulsados de su posición de dominio sobre la zona norte del mar Negro cuando los pueblos góticos llegaron en la primera mitad del siglo III. Este momento marcó el comienzo de un proceso que dispersó las diversas tribus alanicas que constituyeron la federación alanica décadas antes de las invasiones de los godos. En el momento de las invasiones góticas o la migración al área del mar Negro, se produjo la primera división, y algunos alanos se quedaron con los pueblos góticos y fueron asimilados por ellos mientras el grupo más grande de alanos se retiraba al este del Don.

Los godos, que desde el siglo I d. C. habían estado migrando en oleadas desde sus tierras ancestrales en Escandinavia a Europa central y oriental, se dividieron, en el siglo IV, en dos grupos principales: los visigodos y los ostrogodos. Los visigodos, que eran foederati romanos (similares a los vasallos), ocuparon el área del río Danubio, mientras que los ostrogodos, que tenían mucho más contacto con los hunos, ocuparon la costa norte del mar Negro. Estos pueblos ya habían asimilado a la mayoría de las comunidades sármatas que vivían en el área del mar Negro, ya sea políticamente, en el sentido de que algunas tribus estaban bajo el dominio de los reyes góticos, o demográficamente, donde integraban a la mayoría de los sármatas étnicos en sus comunidades. Un grupo cultural propio.

La parte de los alanos que lograron escapar hacia el oeste en el momento de la llegada de los hunos al área del mar Negro se encontraría con todo tipo de tribus, incluidos los godos y otras tribus germánicas. En 378, sabemos que un grupo de alanos participó en la batalla de Adrianople al lado de la revuelta visigoda contra los romanos. Esta batalla resultó en una victoria para los visigodos gracias a la rápida acción de la caballería alanica, que no solo interceptó a la caballería romana sino que también flanqueó a la infantería romana, permitiendo que la infantería visigoda se involucrara más fácilmente con la línea de batalla romana. Esta victoria gótica y alanica comenzaría el comienzo del fin de la hegemonía del Imperio romano en Europa, ya que la derrota de Adrianople fue, en ese momento, la peor derrota romana desde la batalla de Edesa contra los sasánidas persas en 260 d.C.

El último grupo alanico semiautónomo del que tenemos registro es el que cruzó el Rin con los vándalos germánicos y los suevos, y logró llegar a España y el norte de África, momento en el que fueron asimilados por los vándalos. En 418, Ataces, el rey alanico, fue asesinado en una batalla contra los visigodos. Los alanos sobrevivientes apelaron a Gunderico, el rey vándalo, para que aceptara la corona de los alanos. Estuvo de acuerdo y adoptó el uso del título de "Rex Vandalorum et Alanorum" como una forma de demostrar su control sobre los pueblos alanos que aún vivían con los vándalos.

En el siglo IV d. C., una confederación de pueblos nómadas, los hunos, venía desde el este hacia el área del mar Negro, y eran mucho más numerosos que cualquier confederación tribal sármata y gótica que viviera allí. Aparentemente operaban con crueldad y eran guerreros montados formidables que confiaban en sus poderosos arqueros a caballo para infligir grandes bajas a las fuerzas de infantería antes de que pudieran atacarlos. La amenaza que los hunos representaban para los godos les hizo migrar al Imperio romano junto con algunos de los alanos. Sin embargo, otras tribus alanicas lograron coexistir en cierta medida con los pueblos hunos. Sin embargo, esto no duraría mucho tiempo, y a finales del siglo IV d. C., los alanos restantes que aún vivían en la región del mar Negro fueron conquistados por los hunos, ya sea asesinados o asimilados. Desafortunadamente, no tenemos ningún tipo de información sobre cómo se llevaron a cabo las batallas entre los alanos y los hunos o dónde tuvieron lugar. Los alanos bajo el dominio húnico los acompañarían en su devastación del Imperio romano en el siglo V d. C. bajo el gobierno de Atila el Huno. Finalmente, los alanos se asimilaron tanto a los hunos que los historiadores clásicos ya no pudieron hacer una distinción entre los dos. Los que lograron sobrevivir fueron con los godos, viajaron más al oeste para fusionarse con los vándalos y Suebi, o se integraron al Imperio romano. La llegada de los hunos en el siglo IV d. C. marcó permanentemente el fin de los alanos como una confederación y una unidad social. Solo una de las tribus alanicas dispersas logró sobrevivir a la invasión húnica y mantener una apariencia de identidad cultural, que fueron las que huyeron hacia el sur a las montañas del Cáucaso y lograron sobrevivir hasta la actualidad en forma de osetios.[71]

La desaparición de los alanos marcó el final de la dominación indo-iraní del norte del mar Negro, pero los restos de su presencia se preservarían a través de artefactos históricos y escritos de fuentes primarias. Hoy en día, no solo podemos admirar su cultura material y su producción artística en museos y exposiciones, sino que también podemos seguir escribiendo sobre su historia para que nunca más se pierdan por completo.

---

[71] Brzezinski, R; Mielczarek, M – *The Sarmatians*. p. 24-34. Sinor, Denis – *The Cambridge History of Early*…. p. 112.

Conclusión

Los pueblos indoiranios de las tribus escitas y sármatas compartieron más similitudes a lo largo de su existencia de lo que mucha gente piensa. No solo compartían el mismo idioma, sino que también compartían la misma forma de vida nómada o semi-nómada, un estilo de arte similar, la cultura relacionada de la guerra y la equitación, la alta ubicación de las mujeres en su jerarquía social, una economía similar estructuras y mucho más. Aunque eran personas diferentes, más cosas los unieron que los separaron.

A pesar de que ya no están como un grupo cultural unificado, su legado como guerreros despiadados y pastores nómadas continúa hasta nuestros días, gracias a los escritores de la antigüedad que, buenos o malos, escribieron sobre su forma de vida. En cierto modo, nunca dejaron de existir.

Los escitas y los sármatas, debido a que no tienen un registro escrito y se pierden principalmente a través del tiempo, ya que fueron asimilados por los pueblos conquistadores, no tienen la popularidad entre el público en general que deberían tener, especialmente el público occidental. Muchos trabajos académicos se han escrito en ruso, rumano y polaco, entre otros, pero la traducción al inglés de estos trabajos es muy escasa, lo que significa que investigar este tema es particularmente difícil para los europeos no orientales. Quizás la falta de interés entre el público internacional, aparte de unos pocos casos, impide que se publiquen trabajos académicos y libros sobre estos pueblos indoiranios, a pesar de que el mundo literario solo se enriquecería con estas traducciones.

Vea más libros escritos por Captivating History

www.ingramcontent.com/pod-product-compliance
Lightning Source LLC
LaVergne TN
LVHW042001060526
838200LV00041B/1814